CONSIDÉRATIONS

SUR

LES MOYENS D'AFFERMIR RAPIDEMENT

NOS LIBERTÉS,

SUR LES RÉSULTATS DE LA LOI DES ÉLECTIONS,

ET SUR CEUX DE LA LIBERTÉ DE LA PRESSE;

SUIVIES DE QUELQUES RÉFLEXIONS TOUCHANT LE MINISTÈRE PUBLIC.

PAR UN MAGISTRAT.

> C'est au législateur à suivre l'esprit de la nation, lorsqu'il n'est pas contraire aux principes du gouvernement, car nous ne faisons rien de mieux, que ce que nous faisons librement, et en suivant notre génie naturel.
>
> MONTESQ. *Esp. des Lois*, liv. 19, chap. 5.

PARIS,

CHEZ LADVOCAT, Libraire, Palais-Royal, Galeries de bois, N.os 197—198.

Août 1819.

De l'Imprimerie de P. N. ROUGERON, rue de
l'Hirondelle, N.º 22.

SOMMAIRE.

DES MOYENS

D'AFFERMIR

NOS LIBERTÉS.

IL n'est pas un homme de bonne foi, qui, après avoir consulté les annales de notre histoire jusqu'aux temps les plus récens, ne convienne avec les faits, quels qu'ils soient encore, que jamais la France n'a joui de la liberté, dans ses droits les plus précieux, avec plus de réalité que dans le moment où nous sommes.

Cette déclaration condamne-t-elle entièrement les critiques qui se font entendre chaque jour ? Non, car la carrière du bien est longue encore à parcourir : une nation comme la nôtre vaut la peine que l'on fasse tout pour la payer promptement de ce qu'elle a souffert depuis tant d'années ; et, puisque le Ciel lui donne le Roi, sous les auspices duquel les gages de sa félicité présente et future peuvent être assurés, il ne faut pas retarder d'un seul jour, si l'on peut, la jouissance de ces bienfaits !

Les nations, comparables aux individus et même aux fortunes des hommes, pour la naissance, les progrès et souvent la fin de leur existence et de leurs prospérités, ont néanmoins un grand avantage qui tient à leur essence particulière, plus capable de supporter diverses chances de bons et de mauvais succès. Ainsi, tandis que la plupart des hommes, forcés d'appliquer à une seule profession tout ce qu'ils ont d'énergie et de ressources, arrivent au terme de la vie sans avoir vu couronner leurs efforts, ou après en avoir perdu le fruit, et sans pouvoir renouveler, surpris qu'ils sont par le temps et l'infirmité humaine, une autre direction de travaux et d'autres succès; les nations, au contraire, soit par l'influence de quelques hommes supérieurs, soit par celle des grands événemens, et surtout par la marche des pensées et des connaissances, voient leur longue existence partagée en différentes périodes; et, chaque fois qu'elles subissent ces changemens, elles éprouvent, durant les premiers momens, les incertitudes, les tâtonnemens, qui rendent chancelans leurs premiers pas dans chaque nouvelle voie où elles entrent.

Si l'on veut appliquer ces réflexions à la France, plus que toute autre contrée elle en prouverait la vérité. Soit que, remontant aux vieux temps de notre histoire, on assiste aux usurpations victorieuses des grands sur la puissance royale, et aux luttes multipliées que se livraient entr'eux ces feudataires révoltés; soit que, descendant à des temps moins anciens, on examine avec soin les efforts plus ou moins heureux, les moyens plus ou moins utiles à l'intérêt général, employés par les rois pour ressaisir leurs droits envahis, dans ces deux grandes époques, dont la dernière est consommée par l'éclatante puissance de Louis XIV, le plus séduisant despote qui fut jamais, on trouverait que de longues et souvent fausses tentatives furent faites pour arriver au but où l'on aspirait. Depuis plus d'un demi-siècle la France aussi s'agite dans une troisième carrière, et bien long-temps ses efforts ont été vains, ou même funestes en résultats : néanmoins elle a repris une marche souvent interrompue ; enfin elle s'est dirigée vers le terme : elle y touche, et ce terme est *la liberté*.

Remarquons toutefois que, si la France a profité en partie de la seconde révolution que nous avons indiquée ; si le sceptre d'un seul parut léger dans quelques royales mains, il est facile de sentir que ce n'était pas uniquement l'intérêt général qui excitait les efforts des rois contre cette redoutable féodalité : l'intérêt général put profiter de quelques conséquences ; mais, sans calomnier le passé, sur lequel d'ailleurs dut régner l'influence irrésistible des temps et des opinions, on peut dire que les bienfaiteurs recueillaient eux-mêmes trop d'avantages du bienfait, pour que la France, obligée souvent comme par hasard, ait été forcée d'en concevoir une vive gratitude. On doit donc remarquer cette grande différence entre les premiers changemens et le dernier, que la nation, restée étrangère aux intérêts qui les amenèrent, en profita sans y avoir concouru, tandis que c'est par son esprit, ses besoins, son vœu général et son active participation, que le dernier a été préparé, et qu'il sera consommé.

Certes, malgré la vérité de cette observation, grâces éternelles soient rendues au Prince, qui, écoutant la voix du peuple et celle de sa raison éclairée, a posé les bases certaines du nouvel ordre social ! la Charte, source de nos biens présens et de nos biens à venir, sera l'immortel lien qui unira les Français à la famille auguste sous laquelle elle aura commencé à voir réaliser des droits long-temps attendus.

Mais la nation appelant la liberté de tous ses vœux, son Roi, dès les premiers jours, en ayant proclamé les principes, ne paraîtra-t-il pas étonnant à l'histoire que les volontés du Souverain et les désirs du peuple aient été si longs à recevoir un entier accomplissement ?

Non, sans doute ! et l'étonnement cessera si nos descendans connaissent tout ce qu'il y eut d'extraordinaire, d'inouï, dans la position des hommes à des époques successives, je veux dire, durant l'espace des cent jours, les mois qui le précédèrent, ainsi que les temps qui l'ont immédiatement suivi ; on verra un nouvel exemple de l'irrésistible empire des passions humaines, lorsque, dans l'ordre politique, elles se livrent la guerre, ayant pour alliés des événemens récens qui leur prêtent à toutes des armes !

Momens funestes à la patrie, où l'on préféra tous les malheurs à l'insupportable affront d'un triomphe rival !

Drame fertile en tristes conséquences, dont les incidens divers développèrent tant de ridicules et de vices, où tant de personnages prirent, quittèrent et reprirent des masques différens ; où La Bruyère et Tacite trouveraient encore, l'un, de satiriques portraits ; l'autre, des clartés nouvelles pour apercevoir quelqu'obscure partie du cœur de l'homme échappée peut-être à son génie !

Mais déjà un siècle nous sépare de ces temps d'erreurs ; et, s'il est des hommes encore qui, dans leurs pensées, rêvent une France où ne se trouvent pas la dynastie des Bourbons, la Charte et la liberté, qu'ils aillent, dans une obscure retraite, cacher un culte fatal dont la patrie ne veut pas!

Observons néanmoins un mal, fruit de ces temps fâcheux et des circonstances antérieures. Des sentimens, des passions s'étaient violemment développés; on ne put oublier les effets de ces agitations, et ce souvenir a contrarié l'établissement de nos libertés. Quelques réflexions sur les faits vont le démontrer.

Il est des principes si nobles, si indispensables désormais aux sociétés humaines, que, si les hommes les examinaient avec impartialité, tous, ils leur rendraient hommage; et, sans doute, avec les philosophes anciens qui les ont proclamés, ils s'étonneraient que les peuples, victimes de l'ignorance des temps et des passions de leurs chefs, aient été si long-temps privés de leurs bienfaits.

Les sages ont dit : il faut en tout état fonder la liberté, qui est la sûreté de la personne et des biens; fonder aussi l'indépendance de la conscience religieuse, qui ne relève que de Dieu, et la faculté ouverte à tous de servir la patrie.

Sur ces maximes reposent tous les intérêts légaux nés de la révolution française : elles sont consacrées par le temps, la raison, la loi constitutionnelle, et nul homme désintéressé ne saurait en méconnaître aujourd'hui la justice : cependant des hommes honorables les ont combattues, sinon en face et directement, au moins par des attaques livrées aux corollaires les plus naturels des principes posés : on l'a fait long-temps, naguère encore, et plusieurs de ceux-là même ont dans leur conscience la vérité de ces pensées.

Quel motif a pu les entraîner dans une route qui semble tortueuse ? Ce motif, d'autant plus dangereux qu'il se voile de prétextes estimables aux yeux de ceux qu'il guide, c'est l'effroi qu'on a pris d'individus, acteurs ardens de scènes politiques récentes ; c'est la mémoire de l'abus que, dans les temps orageux de la révolution, quelques-uns ont fait des meilleures doctrines : de là l'erreur dans laquelle on a été qu'il fallait opposer des hommes à des hommes, et que les droits et les lois étaient insuffisans pour assurer la paix de l'état.

Ainsi, quelques-uns de ceux qui ont manifesté les pensées de la liberté ont effrayé beaucoup d'hommes, et leur ont fait, en quelque sorte, déserter leurs propres opinions, dans la crainte que la proclamation énergique d'un principe les rapprochât d'une secte quelconque, dont on redoute les desseins vrais ou supposés.

Alors se sont établis :

L'habitude de rattacher sans cesse les paroles prononcées par tel individu à la conduite qu'il tint dans une autre circonstance ;

La répugnance à ne vouloir accepter même l'utile et le bon de celui que l'on regarda long-temps dans les rangs de ses ennemis ;

La pénétration dont on se pique pour découvrir le fond du cœur de l'orateur, de l'écrivain ou de l'homme d'état, afin d'y voir un démenti donné par la conscience aux paroles, aux lignes, aux actions ;

Le soin de se tenir à distance égale des deux rangs opposés, sans s'enquérir assez si la ligne du milieu était celle du principe ;

· Enfin·, le maintien d'une sorte d'équilibre entre les partis, en les opposant l'un à l'autre ; moyen séduisant d'abord parce qu'il semble en neutraliser l'action, mais qui peut aussi entretenir leurs funestes espérances, et donner peu d'amis en créant beaucoup d'adversaires.

Ainsi la liberté perdit d'estimables soutiens ; et d'autres conséquences encore furent l'incertitude, la défiance, champ fertile que sait cultiver l'esprit de faction.

· Une partie de ces inconvéniens, restés dans le cercle des passions et des intérêts privés, n'aurait été qu'un levain passager adouci par le temps, qui permet bientôt à des nœuds un instant relâchés de se resserrer : mais tout ce mal, monté dans les plus hautes parties de l'ordre politique, a agi sur ceux qui le composent. Par là leurs pas ont dévié des routes directes où l'on pouvait peut-être rapidement s'avancer, où désormais l'on doit voir qu'il n'existe ni véritable obstacle, ni précipice.

Cet empire si fâcheux des hommes d'un moment sur d'immuables principes, il faut qu'il cesse entièrement, ou, sans cela, le bien moral de la constitution serait, à chaque pas, compromis.

· Il est, à la vérité, difficile dans les temps de troubles, étonné, irrité que l'on est par les excès des partis, d'adopter une marche qui soit indépendante de cette position. Aspirant aux honneurs de cette modération, qui « vous faisant pelauder à toutes mains », comme dit Montaigne, « vous rend Guelphe au Gibelin et Gibelin au Guelphe » (1), on finit par croire avoir

----

(1) Essais, liv. 3, chap. 12.

réussi, quand on s'est attiré les injures des deux factions. Cela peut être un avantage ; mais il ne faut pas non plus le porter trop loin, ni oublier que c'est par l'égide des lois qu'on peut avec succès, pour la cause publique, se défendre contre des Gracques nouveaux, et pétrifier toutes les têtes de Méduse dont on s'effraie.

J'entends donc ce qu'ont eu de pénible, de pressant, dans les divers jeux des passions, les années qui viennent de finir. On peut dire que la sanction du système se trouve dans le passage même, achevé à travers des feux allumés. Mais le triomphe de la marche eût été de les éteindre en passant.

Au surplus, si ce bien n'est pas fait, il faut qu'il arrive rapidement, grâces aux moyens que rendent faciles les circonstances plus paisibles où nous sommes ! La liberté, ainsi retardée par l'importance dangereuse donnée aux hommes, appelle pour auxiliaires tous les élémens d'ordre et de sûreté qui la créent ; que l'édifice dont la Charte est la base s'accroisse promptement ; que l'on reçoive des matériaux de tout ouvrier, quel qu'il soit, quel qu'il fût ! Si jadis ses travaux furent moins utiles, le passé est purifié par la part salutaire qu'il prend à ce noble ouvrage ; ainsi que tout l'examen se porte sur les matériaux pour n'en admettre que de sains et de durables. Mais une façon d'agir analogue doit s'étendre à la direction des affaires, à l'administration générale des choses. C'est enfin, à l'aide des principes créés et de leurs créations accessoires, nettement, franchement entendus et appliqués, que, sans perdre jamais ce calme, attribut d'une force prudente, on marchera au milieu des hommes et des difficultés qu'ils font ou croient faire, semant partout, pour produits heureux, la confiance et l'adoucissement des passions politiques dont l'aliment actif est l'incertitude de l'avenir.

Le pacte social, les dispositions qui s'y rattachent, forment, si j'ose le dire, à l'égard des passions et des témérités des partis, un instrument comparable à ces machines utiles à l'industrie, dont la propriété est de faire disparaître les aspérités qui déparent l'étoffe que l'ouvrier veut perfectionner.

Je ne pense pas toutefois que l'on puisse m'accuser de contradiction avec les idées que je viens d'émettre, si je veux que l'on tire tout l'avantage possible, dans l'intérêt du Roi et de la patrie, de la position singulière où se sont placées certaines gens : il y eut, il faut en convenir, au moment où le Roi vint en France, et depuis ce temps, un mouvement bizarre en apparence, quoiqu'explicable au fond, qui fit passer au parti de la liberté une foule de gens auxquels elle avait jusque là semblé peu désirable; et ses rangs furent grossis de néophytes qui lui avaient long-temps livré de terribles combats dont elle porte encore les blessures. A l'égard de ceux-ci, et je parle des hommes revêtus de fonctions civiles, dont la carrière passée dément les principes d'aujourd'hui, malgré la défiance qu'inspire aux soupçonneux une conversion subite, tâchons d'y croire ! Profitons des pensées neuves qu'elle leur inspire, si elles sont utiles; et, pour assurer leur foi nouvelle, contentons-nous de leur faire observer constamment que toutes les maximes de despotisme qui nous restent sont fixées dans des lois, dans des règles d'administration d'un règne passé, que trop de grands travaux décorent, que trop d'éclat militaire environne, pour qu'on cherche lâchement à le ternir, mais qui arrêta, comprima l'élan de

la liberté sous le poids des armes, et sous celui d'un despotisme habile, établi par les lois mêmes, servage le
plus tyrannique de tous.

Abjurant de vaines terreurs, marchant avec rapidité dans les routes légales, on brisera toute résistance, quelle qu'elle soit, par cette progression
rapide de principes posés et pratiqués : cette franchise
énergique passant aux agens secondaires, il est difficile
de calculer tout l'avantage que l'on en recevra ; alors
disparaîtra cette flexibilité inquiète (1) des fonctionnaires, qui, occupés de l'espoir ou de la crainte d'un peut-
être possible, appréhendent que ce qu'ils feraient aujour-
d'hui ne compromît les intérêts du lendemain, et
énervent ainsi, comme malgré eux, la constitution fondamentale de l'Etat. Lorsque tous les dépositaires de
l'autorité seront pénétrés de cette vérité, que les premiers
mandataires du Roi, délivrés de toute incertitude, marchent sans retour possible à l'achèvement de tout ce qui
est utile au développement de la liberté constitutionnelle,
les uns en proclameront sur-le-champ les pensées, parce
qu'elles font leur religion secrète; les autres en appren-
dront promptement les leçons, car autour d'eux personne ne craindra plus de les faire entendre; et les actions de tous, en harmonie avec des professions de foi
publiques, feront plus de bien en quelques mois que

_____

(1) C'est en province surtout que se manifeste cette hésitation :
en approchant un homme en place, on sent dès ses premières paroles,
une vague inquiétude, un désir d'éviter toute discussion, qui aurait
pour résultat la déclaration d'un principe. Cette tendance à l'incertitude a ses paroxysmes ; pour se rendre compte des nuances, on n'a
souvent besoin que du journal qui vient d'arriver, contenant telles
paroles échappées à un ministre.

n'en produiraient tous les efforts d'une habileté dont on croirait avoir à se défier !

Ce résultat sera donc un acheminement rapide à la jouissance de la liberté légale, si chère à l'esprit public.

Ce serait sans doute se jeter dans une question oiseuse que de chercher à démontrer que c'est dans les amis de la liberté qu'est l'imposante majorité de la nation ; et désormais il serait plus piquant et plus courageux d'essayer les ressources de son esprit sur la proposition contraire. Peu d'écrivains, il faut le dire, quel que soit le parti pour lequel ils combattent, osent attaquer de front cette liberté, déité du siècle, à laquelle tous les peuples rendent un hommage public ou secret ; mais il est des gens dont l'opinion devient inquiète et la discussion active, lorsqu'on veut lui adjoindre une compagne dont l'attrait enivre la plupart des hommes. C'est au mot d'égalité que les craintes naissent, que les amours-propres s'irritent, et que, pour échapper à cette fille de la liberté, on est près d'étouffer la mère et de se rejeter dans les siècles passés.

Il serait fâcheux que plusieurs hommes persévérassent dans cette situation d'esprit et de sentiment, en contradiction peut-être avec les faits et nos lois.

En effet, si cette contradiction existait, s'il était vrai que ce besoin d'égalité fût devenu celui de la plupart des hommes, et une partie importante de l'opinion ; si en respectant les sages restrictions de la loi, on était plus que jamais convaincu que les richesses de l'ame et de l'esprit, versées au hasard chez les hommes, peuvent illustrer toutes les conditions ; si l'épouvantable chaos des révolutions, avait apporté la preuve irrésistible de ce principe, hommage rendu à la bonté céleste ; si de-

Considérations sur l'esprit public dans ses rapports avec les principes de liberté et d'égalité posés dans la Charte.

puis long-temps les hommes de toutes classes , luttant corps à corps , et jetés pêle-mêle dans l'arène sociale , avaient pu mesurer leurs forces , et se pénétrer à jamais de la vérité d'une pensée qui n'est devenue odieuse que par les horribles excès dont elle fut le prétexte , ne seraient-ils pas bien coupables ceux-là , qui , chaque jour , semblent se plaire à irriter la masse de la nation , en combattant cette passion nationale , en regrettant devant elle avec idolâtrie des temps dont les souvenirs peuvent offenser l'amour-propre de la plupart , et qu'aucun de ces derniers ne consentirait à voir renaître , sans croire perdre une partie de sa dignité ?

C'est , il faut le dire , parce que chez un peuple fort de sa puissance et de sa gloire nouvelle , riche de tant d'illustres enfans honneur de leurs humbles familles , on n'a pas craint à certaines époques , que déjà nous avons signalées , d'irriter tous les sentimens d'amour-propre et de noble orgueil ; c'est parce que , dans les plaintes du présent , dans les espérances de l'avenir , on a exprimé , laissé deviner des indices d'insupportable mépris , que d'immenses malheurs sont arrivés. L'orgueil blessé , qui , dans les salons divisa les esprits , et sema tant de haines , produisit plus de mal encore dans les chaumières ! Là , le mal s'accrut par l'humilité de l'asile où il trouva pour auxiliaires de vives inquiétudes sur des biens précieux , fruits des temps que l'on insultait. L'admirable sagesse du Roi avait , dès l'abord , dit , fait tout ce qu'il fallait pour empêcher ces maux : des maladroits ont tout gâté. Lorsque l'histoire retracera cette partie importante de nos annales , elle dira quelle part il faut attribuer dans les faits de ce temps à la fierté offensée d'une portion imposante de la nation contre laquelle alors toute la sagesse du reste et ses intérêts les mieux entendus n'auraient pu lutter.

Ainsi, il est prouvé par ces faits récens que le besoin de l'égalité se lie à celui de la liberté. Mais lorsque je dis que cette dernière est également l'objet des vœux ardens des Français, aurai-je à craindre que l'on m'oppose ces paroles ingénieuses de l'auteur d'Atala?

« Un sabre, dit-il, remplacera partout le sceptre » légitime; et ce sabre conviendra particulièrement à la » France, amoureuse des armes, folle de l'égalité, mais » qui de liberté ne se soucie guère (1) ». Ces mots paraîtraient exprimer l'opinion de l'écrivain sur l'état présent et futur de la France; certes, l'éclat de son talent littéraire sut opérer des prodiges fameux; les prestiges brillans de ses récits exercèrent des séductions dont un goût sévère pourrait craindre les dangers : mais, grâces à la raison, l'empire du talent a des bornes; et, comme Circé vit échouer ses enchantemens contre la sagesse d'Ulysse, le flambeau magique d'une imagination rêveuse et amante de souvenirs chevaleresques s'amortit et perd toute chaleur pénétrante, dès qu'on veut porter sa lumière trompeuse sur la réalité des choses et l'intérêt positif des hommes! En considérant ce qui se passe en France, l'élan des esprits, le genre d'inquiétudes qui l'agitent, état moral commun à la masse de l'Europe, on comprend peu sur quoi M. de Châteaubriant a pu fonder la première partie de sa proposition; mais je ne le crois pas plus heureux ou plus juste dans la dernière, qui me semblerait une accusation grave contre notre pays lui-même.

---

(1) Conservateur, 27.ᵉ livraison.

« *La France est folle d'égalité* ». J'en conviens et j'accepte, au nom de la patrie, cet aveu d'une opinion monarchique, dont il est bon de prendre acte : il implique la vérité de ce que j'avance sur l'esprit public. Nous examinerons bientôt si cette passion est en opposition avec la monarchie que le Roi nous a donnée, et s'il faut en écouter la voix ou y résister.

« *Mais de liberté ne se soucie guère !* » Que, dans les temps funestes de notre révolution, au moment où, dans le délire d'un nivellement absurde, des pygmées ont détruit toute chose, parce que toute chose fut restée au dessus d'eux, un auteur eût produit cette assertion, je comprendrais la force qu'elle eût trouvée dans ces circonstances désastreuses; en reportant même ce reproche aux premiers jours de la lutte nationale, elle aurait encore une apparence de vérité, quoiqu'injuste au fond. Alors, tourmentée du mal d'une révolution indispensable, quelque cher qu'elle ait coûté, la France se vit gênée dans l'accomplissement de ses vœux par des distinctions sociales, par les résistances intempestives de rangs privilégiés, aveuglés sur leurs propres intérêts ; ce fut donc contre ces distinctions contraires que furent excités les premiers ressentimens et portés les premiers coups. On sentait bien que là où il y aurait, entre les habitans d'un même état, tant de diversités de droits et de barrières presqu'insurmontables, la liberté ne saurait naître; car elle ne peut s'établir et se conserver que parmi des citoyens qui ne soient séparés que par les limites de la loi et de la raison, que là où les forces d'attaque et de résistance sont en équilibre. Ainsi l'on commença, si l'on veut, par écouter les conseils que donna le besoin de cette égalité, afin de parvenir à

conquérir

conquérir la liberté politique. Tous les vœux, tous les efforts furent vains ; le crime recueillit un instant le fruit du patriotisme et de la vertu : mais, en touchant ces fruits précieux, il les infecta de poisons qui le dévorèrent bientôt lui-même. Ne parlons plus de ces temps funèbres ; ne parlons pas davantage, lorsqu'il s'agit de liberté, d'années plus glorieuses pour notre puissance extérieure, où l'esprit public enchaîné, engourdi par le despotisme des lois et la force de leurs agens, fut forcé, pour renaître, de suivre nos soldats loin du sol de la patrie, et de s'enivrer de leurs chants de victoire sous nos drapeaux triomphans ! Disons seulement que ces vingt années nous ont appris qu'une sorte d'égalité peut regner là où la liberté n'existe pas, et qu'un gouvernement où un prince peut présenter l'illusion du premier bien sans accorder l'autre, comme aujourd'hui, par fait inverse, certaines gens offriraient une liberté toute singulière, qu'ils seraient bien sûrs de modérer à leur guise, en se débarrassant d'abord de l'égalité à l'aide des lois ou des faits.

M. de Châteaubriant, qui nous accorde l'amour de l'égalité en nous déniant celui de la liberté, ne peut trouver aujourd'hui, pour colorer cette modification, l'appui que lui donnaient les faits anciens ou leurs apparences ; car il n'existe plus de monumens qui irritent l'amour propre national, et dont la destruction désirée distraie des soins de la liberté ; il faut seulement en empêcher l'édification nouvelle. Sans doute l'égalité politique est le vœu de tous ; mais il se lie d'un ciment indissoluble à celui de la liberté ; parce qu'on sait que toutes deux se protègent et se conservent. Il ne s'agit plus du délire et de la colère d'un peuple : il s'agit de

2

la force calme d'une opinion et d'un sentiment fondés
sur la dignité de l'homme même.

Maintenant ce double sentiment est-il consacré par
notre loi fondamentale ? On n'en peut douter un instant.
Le Roi n'a pas séparé dans son bienfait ces deux avantages : sa charte proclame liberté , sûreté pour tous et
tous droits ;

Egalité politique , droit de servir le prince et la patrie dans tous les postes où peut appeler leur choix.

Ce sont là les deux biens que la nation veut , dont
elle commence à jouir , qu'elle a droit d'obtenir en
entier.

Selon certaines opinions, fécondes en tristes présages,
l'application de cette égalité politique est une monstruo-
sité en monarchie réglée ; et il existe péril de mort ,
si l'on continue à s'y livrer : je crois , au contraire , que
le seul moyen de faire un édifice durable , c'est de le
fonder sur des forces réelles , positives , et non sur des
fondemens écroulés. La force d'un pouvoir est là où se
trouve la force morale de la nation ; il est alors à l'abri
des revers , ou du moins il peut lutter contre leurs
coups. Ainsi la force morale d'une nation appuiera celui
qui lui offrira les gages et les garanties des avantages
qu'elle réclame : l'expérience de longs malheurs a donné à la nôtre un sens admirable pour deviner les ruses
à l'aide desquelles on voudrait la décevoir. Ce qu'elle
veut obtenir , ce ne sont pas des illusions , ce sont des
biens positifs , matériels : c'est aussi ce que le Roi a
voulu et entendu. Si les frayeurs que quelques-uns semblent concevoir étaient fondées , elles seraient bien dou-
loureuses , car je ne sais rien de plus inévitable que
les malheurs qui naîtraient des conséquences d'un

esprit national sanctionné par la loi fondamentale de l'état.

Mais l'œuvre du Prince a tout prévu : que toutes les craintes sincères s'apaisent. Si l'on y trouve les armes à l'aide desquelles on peut défendre les droits du peuple, on y peut saisir aussi celles qui sont propres à protéger les priviléges du trône ; droits et priviléges qui doivent tous se confondre , puisqu'ils concourent au bien commun. Là , sont les bases des pouvoirs, qui , par leurs ressorts calculés, n'impriment à l'ordre social que les mouvemens nécessaires à sa vie.

Est- ce après tant de voix éloquentes, après Montesquieu , au génie duquel rien n'échappa en haute législation , que moi , faible , inconnu , j'oserais encore exposer les bienfaits de cet immortel système ? Non , sans doute ; mais j'oserai offrir quelques réflexions que m'ont fournies la lecture de ses dissertations savantes; rapprochées de notre temps , elles prouveront peut-être que l'égalité politique est un accessoire nécessaire du nouveau principe de notre gouvernement.

Montesquieu , découvrant les ressorts principaux des trois modes de gouvernement , a dit :

« Le principe de la démocratie est la vertu (1);

» La vertu dans une république est une chose simple,
» c'est l'amour de la république (2);

» L'amour de la démocratie est celui de l'égalité (3);

» L'amour de l'égalité borne l'ambition au seul désir,
» au seul bonheur de rendre à sa patrie de plus grands

---

(1) Esprit des lois, chap. 3 , liv. 3.
(2) Idem , chap. 2 , liv. 5.
(3) Idem , chap. 3 , liv. 5.

» services que les autres citoyens. Ils ne peuvent pas
» lui rendre tous des services égaux , mais ils doivent
» tous également lui en rendre ;

   » En naissant , on contracte envers elle une dette im-
» mense , dont on ne peut jamais s'acquitter. Ainsi les
» distinctions y naissent du principe de l'égalité , lors
» même qu'elle paraît ôtée par des services heureux, ou
» des talens supérieurs ! »

Il dit aussi, déterminant le ressort du gouvernement
monarchique (1) :

   « C'est l'honneur, c'est-à-dire, le préjugé de chaque
» personne et de chaque condition, qui prend la place
» de la vertu politique , et la représente partout. L'état
» subsiste indépendamment de l'amour pour la patrie ,
» etc. (2) ».

Quelles que soient les critiques que l'on a faites sur
ces vues de Montesquieu , plutôt par des chicanes de
mots , que par la discussion des raisons mêmes , si ce
système avait encore besoin d'être défendu, il ne faudrait
que réfléchir avec attention, aux temps où ce grand homme observa, aux ressorts qui composaient les monarchies,
et la nôtre surtout , aux opinions dont il fut environné ,
pour saisir toute la justesse du fond de ces idées.

En effet , il est facile de sentir par l'expérience des faits
que le mobile principal des actions, dans leur rapport
avec l'intérêt public , était l'amour propre , qui portait
les uns à sortir d'une condition qu'ils dédaignaient, pour
parvenir à celle qu'ils voyaient entourée de plus de respect et d'avantages ; les autres à suivre dans le rang élevé,

---

(1) Esprit des lois , chap. 6 , liv. 3.
(2) Idem , chap. 5 , liv. 3.

où la naissance les avait placés, les lois et les préjugés
de ce rang. Il fallait donc tenter d'obtenir du monarque,
dont la faveur séduisait d'autant plus que tout dépendait
alors d'elle, les priviléges, les prééminences fondés sur
les intérêts importans dans la foi des peuples : cet honneur ainsi entendu n'était pas exclusif de l'amour de la
patrie, et cette dernière profitait des résultats qu'il pro-
duisait ; mais ce n'était pas le dévouement à la patrie qui
occupait la première place dans les pensées et les affec-
tions ! En reconnaissant ainsi dans une ancienne monarchie, avec les élémens de cet édifice tels qu'ils existaient,
la force de ce principe de l'honneur, ne devrait-on pas
convenir que ce ressort de pure monarchie aurait perdu
de sa vigueur, et ne pourrait être remplacé avec succès
que par celui que Montesquieu assigne à la démocratie?
Or, disant avec lui : La vertu, dans une république, est
l'amour de la patrie ; je dis que cette même vertu devient
chez nous aujourd'hui le principe vivifiant de notre ordre
social ; avec lui marche cette égalité qui dirige toutes les
ambitions vers le bien public, comme Montesquieu l'explique, et comme la Charte le consacre, en assurant à
tous la voie d'utiles et nobles succès. C'est cet amour
de la patrie dont notre gouvernement permet l'élan actif, parce qu'il est assez fort pour en réprimer les excès,
parce que les pouvoirs régulateurs de l'état protègent les
nobles efforts de chacun, et peuvent les paralyser, dès
qu'ils voudraient devenir dangereux.

Cette transposition de principes, qui me paraît le résultat des choses, Montesquieu semblerait bien l'avoir
admise lui-même, quand il esquisse à grands traits cette
constitution anglaise, dans laquelle il trouve le problême
de la plus grande liberté possible : « Qui consiste à pou-

» voir faire ce que l'on doit vouloir , et à n'être point
» contraint de faire ce que l'on ne doit pas vouloir (1) ».

Toutefois il ne s'explique pas formellement à cet égard;
je dirais d'ailleurs que l'Angleterre , au moment de sa
constitution définitive , n'était pas dans la position où la
France s'est trouvée quand le roi vint ressaisir le sceptre
de ses aïeux , et fonder les nouvelles bases du gouvernement constitutionnel.

L'Angleterre offrait en 1688, et offre encore, n'ayant
pas éprouvé depuis de violentes commotions intérieures ,
les élémens d'une forte aristocratie protégée par une
vénération grande encore. Mais en France , après tant
de malheurs , de chocs et de déplacemens, on n'a trouvé
que des élémens de nature démocratique pour recons-
truire l'ordre social nouveau ; je dis que l'on n'a trouvé
que des élémens de cette espèce, et certes , qui voudra
m'entendre ne calomniera pas mes intentions.

Il y avait encore des hommes respectables , rappelant
de nobles souvenirs ; mais les décorations de l'ancienne
monarchie avaient perdu leur éclat pour jamais par la
force du souffle des révolutions. Des individus , quoique
recommandables par des malheurs , ne pouvaient ressaisir un ascendant fondé sur des bases qui n'existaient plus :
bases d'autant plus impossibles à recréer qu'elles portaient elles-mêmes sur des opinions et des vénérations
éteintes. On ne peut attendre d'adoration des hommes
que pour les dieux de leur culte et de leur foi.

---

(1) Esprit des lois , chap. 3 , liv. 11.

Plusieurs passages des chapitres où Montesquieu traite cette
importante matière , m'ont porté à l'opinion que j'exprime. Avant de
me juger , j'aime à penser qu'on relira l'autorité que j'invoque ; c'est
un avantage qu'au moins me devra le lecteur.

Cette position des choses eût donc été un grand obstacle à l'édification de la monarchie restaurée , si le Roi n'eût placé dans la charte le dédommagement des appuis qu'avaient détruits la révolution (1).

La Chambre des pairs, seule aristocratie forte , réelle du nouvel ordre de choses , reçut dans son sein les débris du vieux temps , et les conquêtes du nouveau. Elle doit admettre aussi ceux à qui une vaste fortune territoriale donne cette utilité sociale , cette position calme et indépendante , analogue à son essence.

C'est là que la nation contemple avec plaisir, malgré le besoin d'égalité démontrée , ceux qui , revêtus d'un pouvoir utile au monarque et à l'état , jouissent de priviléges immuables fondés sur la loi constitutionnelle et l'intérêt général. Ces dignités ne peuvent irriter les amours propres de ceux qui n'en sont pas décorés, car si tous ne sont appelés , nul n'est exclu, et c'est un mot puissant qu'il faut appliquer à tout aujourd'hui , hors au pouvoir suprême.

La nation n'est pas , à l'égard des privilégiés reconnus par la loi, dans l'état moral d'abaissement où elle était placée aux pieds des seigneurs , qui , appelés seuls à posséder les dignités , paraissaient seuls enfin en être dignes, parce que la nation a vu que, du rang de ses enfans les

---

(1) Je ne pense pas qu'il faille démontrer que le clergé ne peut plus être un appui tel qu'il le fut. Je crois que son influence politique se borne aux résultats que les sociétés retirent d'une bonne morale religieuse : ce domaine est beau ; espérons qu'il se tiendra dans ses limites !

plus obscurs, il pouvait s'élancer d'illustres citoyens, et qu'elle a le droit de s'écrier aussi :

*Plebeiæ Deciorum animæ, plebeia fuerunt
Nomina !* (1)

Mais la nation adopte avec joie et respect des droits qui fondent son propre bonheur.

Plus la légitimité du trône et les pouvoirs de l'Etat seront puissans et vénérés, plus la liberté, et je le répète, l'égalité seront assurées ; plus ces derniers biens seront garantis, plus la monarchie trouvera pour soutien une force morale qui vaut toutes ces colonnes qui ne sont plus.

C'est, quoi qu'on en dise, un beau et noble spectacle que présentera ce peuple dans sa nouvelle destinée, lorsque, laissant au patriotisme son élan et son énergie, on verra une masse considérable de citoyens diriger les pensées, les travaux de leurs enfans vers l'étude de tous les intérêts de l'Etat. Ainsi cette vertu, ce patriotisme, ressorts du gouvernement, porteront chaque citoyen vers le bien commun. Qu'on ne pense pas que, parce que quelques lumières éclaireront les parties inférieures de l'ordre social, grâces aux bienfaits du nouvel enseignement, les champs et les ateliers soient déserts ! Fions-nous à l'intérêt de chacun, à l'indispensable raison des choses contre ce danger imaginaire ; et regardons notre éternelle rivale qui nous apprendra que ce n'est pas là que sont les plaies qui l'affaiblissent. Appuyé sur une éducation plus large, assez exercé pour distribuer ses

_____

(1) Juven. sat. 8.

forces sur divers sujets , comme, pour démentir de faux
systèmes , l'ont prouvé les peuples anciens et quelques
hommes de nos jours , chaque citoyen sera nourri des
lois fondamentales de son pays qu'il aimera , puisque
nulle part sa destinée ne serait aussi paisible , aussi noble.
Le prix des vertus , des grands talens sera cette élection
nationale , qui pour nous deviendra la couronne civique
des Romains , que rien encore n'a remplacée.

Quelle classe d'hommes en France aurait donc à se
plaindre ! Je respecte trop les souvenirs qui s'attachent
à des noms illustres pour croire qu'ils regretteront sans
cesse la perte d'avantages tombés dans l'abîme des temps
passés. Mais déjà plus d'un est digne de le savoir, soit
que, sur le champ de bataille ils combattent pour la patrie, soit qu'à la tribune , ils défendent, de leurs voix éloquentes , les droits du trône et du peuple ; quelles que
soient les opinions du siècle , une invincible puissance
joindra à leur gloire nouvelle la gloire antique de leur
race !

Malgré moi, je laisse mes pensées s'emporter vers un
temps peut-être loin encore, où cette précieuse harmonie
des choses assurera le bonheur de tous ; mais cette illusion est assez belle pour que des efforts plus puissans que
les miens tendent à la réaliser promptement ; il faut
croire à ces efforts , mais les hâter nous-mêmes de la
manifestation de tous nos vœux. Puisque la liberté est
le souhait de tous ; puisqu'amie de la tranquillité , elle a
pour compagne une égalité sage , non hostile, fondée
sur la charte du Roi et de la nation; puisque les lois, qui
découlent de cette charte , doivent reposer sur son esprit même ; puisqu'il n'y a aucun péril à suivre cette
voie avec rapidité , et qu'il est des dangers à retarder

ce qui peut être fait aujourd'hui même, pourquoi ne se hâterait-on pas ? pourquoi ne marcherait-on pas aussi vite que cette grande puissance de l'opinion, levier énorme qui soulève tous les poids et se joue de tous les obstacles?

Moins heureux jadis, les dépositaires du pouvoir, réduits souvent à leurs seules lumières, pouvaient s'égarer de la route de la prospérité publique. Ministres de nos jours, placés au centre des rayons qui vous environnent de toutes parts, grâce à la libre manifestation de la pensée, vous connaissez chaque jour cette opinion dont vous voulez sans doute satisfaire les sages désirs ; marchez devant elle, mais pour la guider vers le but qu'elle vous indique! En suivant cette direction avec une fermeté rapide, vous étoufferez, dans le sein même de ceux qui les conçoivent, les efforts souvent tentés pour arrêter vos pas. Par la force des circonstances, vous pourrez être un instant en butte à quelques colères : injustes ou non, qu'elles ne vous fassent pas quitter la route où vous serez entrés ! Continuez des travaux utiles au Roi et à la patrie : la reconnaissance publique sera le prix de vos services; et si, par impossible, vous perdiez vos dignités dans le cours de ses nobles soins, il sera pour vous alors un asile glorieux, c'est la retraite qui reçut la disgrâce des Sully et des d'Aguesseau.

Ces réflexions, celles qui vont suivre, offriront sans doute peu d'attraits : doit-on tracer des pensées que des feuilles plus légères dispersent chaque jour, privé de l'avantage que leur donne auprès de la curiosité publique un ressentiment vrai ou simulé contre les hommes et les choses ? Docile à la voix d'un amour propre bien entendu, il faudrait sans doute arrêter de faibles et vains travaux : mais si, en examinant le résultat qu'ont eu

déjà des lois récentes, l'influence, qu'aidées de l'esprit
public, elles doivent avoir désormais sur l'administration
des choses : je puis dire une seule vérité utile, je serai
trop heureux d'avoir offert cette modeste pierre à la cons-
truction du monument national qu'il faut achever.

Effets de la loi des élections dans ses rapports avec l'esprit public.

Plutarque raconte que, chez les peuples les plus
guerriers, on érigeait un autel à la Peur avant de combattre, sans doute pour conjurer sa triste influence ;
n'aurions-nous pas quelques raisons de ressusciter un
pareil culte parmi nous au sujet de nos institutions
politiques, et cette déité malfaisante n'a-t-elle pas exercé
un empire trop puissant sur un grand nombre d'esprits, d'ailleurs amis de la liberté? Pour les gagner
entièrement à elle, il ne faut que les rassurer : le meil-
leur moyen de diminuer leurs craintes conçues, soit au
moment de la création de quelques lois, soit surtout
à l'instant des premières épreuves qu'on en a faites,
c'est d'examiner si la paix a été troublée, si la suite en
a été fâcheuse, si, au contraire, d'heureux résultats
ne sont pas déjà recueillis. Il me semble que ces regards, froidement portés, doivent faire voir la vérité des
choses, et concourir à prouver qu'on peut, sans crainte
et sans parcimonie, investir aujourd'hui de toutes ses
franchises un peuple mûr pour la liberté.

Il n'entre pas dans le plan de cet opuscule d'examiner une loi solemnellement discutée. Ayant pour fonde-
ment l'égalité politique, pour objet la liberté, elle
s'appuie sur le ressort que je crois indispensable. Ren-

ferme-t-elle quelque lacune ? cela est possible ; mais ,
comme l'esprit national le plus pur a aussi ses momens
de fanatisme , je ne tenterai pas encore de l'indiquer (1);
l'essentiel est qu'elle n'ait pas en elle des germes dangereux.

Ses dangers importans pouvaient se rattacher à deux
causes :

1.º L'esprit d'agitation imprimé à une masse considérable de citoyens, au moment de l'élection , et les passions que cette réunion pouvait allumer ;

2.º La nature du choix même.

Quant à la première époque, étrangers , comme nous
l'étions presque tous , au spectacle d'un peuple appelé
à exercer librement un grand concours de volontés , nous
avons pu éprouver quelques instans de surprise , et , il
faut en convenir , en pareils événemens la surprise est
de la peur. Le sentiment des convenances , si délicat
dans la société française , s'est choqué aussi d'abord des
moyens employés par divers partis pour tenter de gagner la faveur populaire. On pensait que le mérite , la
vertu seule , sans brigues, sans courtiers , devaient dé-

---

(1) Je ne puis m'empêcher toutefois de signaler une imperfec-
tion grave. La loi dont on connaît les dispositions n'admet pas ,
pour constituer le droit d'élection , les cautionnemens fournis dans
diverses professions. Il est injuste de ne pas attribuer ce droit civique à celui qui donne au gouvernement une marque de confiance
assez grande pour verser dans ses caisses une partie de sa fortune,
et qui d'ailleurs offre , par ses travaux ordinaires , une garantie honorable à ses concitoyens. C'est parce qu'il a employé ses deniers
à faire son cautionnement et acquérir la charge qui s'y rattache ,
qu'il ne peut plus faire les emplois nécessaires prescrits par la loi
nouvelle.

signer les choix , et faire triompher les concurrens les plus dignes. Cette opinion honorable était une erreur ; chacun , je crois , aujourd'hui , en est convaincu, et ne regrette ce qu'il crut possible , que comme on regrette tous ses rêves philantropiques qu'il faut laisser aux utopies. Au surplus , ces brigues , ces correspondances qui seraient factions sous un gouvernement purement momarchique , ne sont plus que des moyens dont tout parti doit se servir , et le ministère lui-même, avec l'empire de ses séductions.

Ce grand concours d'électeurs, mis en mouvement par le devoir, et les intrigues si l'on veut, a-t-il été funeste au repos public tant qu'il exista ? Les faits démentent à cet égard toute calomnie. Seulement l'effet de la loi a été de mettre en jeu ce ressort puissant du patriotisme, dans lequel on permettra , j'espère, de faire entrer l'intérêt personnel (1). L'élection faite, la paix de chacun a-t-elle été troublée ? cette agitation a-t-elle continué, et porté obstacle à l'industrie , à des travaux paisibles ? Non , sans doute! et tous ces flots de citoyens se sont doucement divisés , sans tumulte et sans orages , pour suivre leur pente accoutumée.

Ainsi l'on n'a fait qu'user d'un droit sacré qui rend chaque individu portion morale de la force commune, et la loi est justifiée sur ce point. On doit même être certain aujourd'hui que, quant aux mouvemens causés par

---

(1) Si l'opinion dont Helvétius a fait un système faux par sa généralité et dégradant pour la dignité de l'ame, peut trouver cependant une application qui n'ait rien de fâcheux, c'est dans le système représentatif et électoral. *L'intérêt personnel* y concourt au bien général.

l'élection, fût-elle simultanée sur tous les points de la France, l'ordre ne serait interverti nulle part, à moins de faute grave de l'autorité locale.

J'ai dit que la nature du danger, d'après les élémens de la loi, pouvait être encore le choix même.

Je ne traiterai pas cette question délicate en m'occupant des noms sortis des dernières urnes ; l'éloge, le blâme seraient également suspects ; rappelons seulement que Montesquieu a dit : « Le peuple ne doit entrer » dans le gouvernement que pour choisir ses représen- » tans ; ce qui est très à sa portée; car s'il y a peu de gens » qui connaissent le degré précis de la capacité des hom- » mes, chacun est pourtant capable de savoir, en gé- » néral, si celui qu'il choisit est plus éclairé que la plu- » part des autres (1) ».

Quant à moi, et je demande pardon de cette expression à l'ombre illustre dont j'invoque l'autorité, j'ai dit ailleurs comment il fallait juger les hommes en relation avec les intérêts publics. Font-ils des actions loua- bles ? donnent-ils des conseils salutaires ? leur mandat est rempli ; ils sont à l'abri d'une oiseuse et maligne investigation. Je ne sais pas un des députés, honorés dernièrement de ce beau titre, qui n'ait fait entendre d'utiles et patriotiques pensées (2). Les ministres craindraient-ils à l'avenir des choix ardens, des hommes se rattachant à des souvenirs révolutionnaires ? Ils seraient

---

(1) Esprit des lois, liv. xi, chap. 6.

(2) Cette réflexion, applicable à la grande majorité des membres de la Chambre des députés, me dispenserait d'entrer dans l'examen des travaux de cette session, lors même qu'il serait utile à mon sujet de m'y livrer.

tels , que la force de notre machine politique , si l'on se
sert de ses rouages naturels , paralyserait toute influence
individuelle en ce qu'elle pourrait avoir de fâcheux : j'a-
joute que, revêtu du mandat , il faudrait une bien auda-
cieuse folie pour le faire servir à exciter des troubles et
recueillir le mépris où l'on devait trouver l'honneur ; il
est des fonctions qui imposent la vertu.

Mais quand même quelque danger à cet égard pour rait
naître , les ministres sont maîtres d'épargner au peuple ces
erreurs. Je dis ces erreurs, et cette expression peut-être n'est
pas juste: en effet les nations en masse se dirigent par les motifs qui guident les individus. Long-temps privée de voix qui
fissent entendre ses plaintes et ses besoins , la nôtre craint
également le choix d'hommes qui semblent regretter le
temps où les parlementaires , organes des doléances du
peuple , étaient obligés de fléchir les genoux (1) devant
l'arrogance de Richelieu, et les noms des députés dont
l'opinion pieusement ministérielle forme une conscience
qui change par session de divinités et de rites. Elle vou-
lait donc , elle veut des hommes, qui, par quelques raisons que ce soit , doivent réclamer énergiquement pour
les libertés nationales , et mériter ainsi une popularité
qu'il ne faut pas leur laisser envahir. Ajoutons que , plus
les citoyens se croiront, je ne dis pas menacés dans leurs
droits , mais éloignés de jouir des bienfaits successifs ,
conséquence de la constitution , plus ils se défieront des
désignations conseillées par le gouvernement ; tant qu'ils
jugeront avoir à lutter et combattre, qu'on ne s'étonne
pas si leur première pensée se porte sur la force de l'athlète
à choisir. Ils estimeront donc amis ceux que le pouvoir

---

(1) Détail historique.

répute adversaires ; tout cela est de la nature des choses ;
heureux, quand le remède est si près du mal ! Le moyen
certain d'apaiser les élections, est d'aller au devant des
vœux sages et des besoins réels. Que les dépositaires du
pouvoir prennent l'initiative pour le bien en tout, qu'ils
déjouent ainsi les calculs du faux zèle et de l'intrigue ;
qu'ils évitent ainsi les fausses positions où ils se trouveraient en se laissant devancer ; c'est alors que le peuple, prévenu, autant qu'il se peut faire, dans ses désirs,
fixera volontiers ses regards sur des hommes moins ardens, sur des citoyens paisibles, assez forts pour conserver, mais pas assez pour conquérir, et qu'il consentira
peut-être à agréer les hommes indiqués par le pouvoir
même, satisfait de la modération de ces mandataires,
dont il ne veut pas se contenter aujourd'hui !

Les élections seront donc encore soumises à l'esprit
public, et continueront à le manifester.

S'il est ainsi, la loi nouvelle n'offre donc nul danger
pour l'avenir, qu'on ne puisse éviter ; elle entretient et
anime le patriotisme. Voyons à présent si la liberté de
la presse, dominée aussi par l'esprit public, doit avoir
des résultats qui soient à redouter.

---

*Effets généraux de la liberté de la presse dans l'état
actuel de l'esprit public.*

Dès long-temps on a dit que la littérature d'un siècle
subissait l'influence de ses mœurs, suivait l'élan de ses
passions, n'était, en quelque sorte, que le reflet de ses
opinions générales. Ce mot est juste, il absout la littérature du dix-huitième siècle de beaucoup de torts qu'on
lui a reprochés. Une masse d'écrivains ne dit que ce qui

est

est déjà dans les pensées du siècle : ils peuvent , à la vérité , imprimer un mouvement rapide à des idées long-temps individuelles , en composer des principes , des abstractions ; mais ils les ont entendues , et ne font que les répéter en leur donnant l'autorité du talent.

La littérature peut être soumise aussi à l'influence que lui impose la puissance d'un roi dans les états où la liberté n'est pas.

On expliquerait ainsi les nuances qui se font remarquer entre les productions du siècle de Louis XIV, et les ouvrages des temps qui l'ont suivi.

Si la postérité a désigné du nom du monarque cette époque littéraire , jamais expression ne fut aussi juste ; car ce prince imprima vraiment aux opinions de son temps et aux chefs- d'œuvre , qui l'ont illustré , l'in-fluence de son génie et de ses mœurs.

On peut dire enfin de lui , comme Tacite le dit d'Auguste :

« *Maximi principis disciplina ipsam quoque eloquen-* » *tiam, sicut omnia alia pacaverat , etc.* » (1)

Certes, nous n'avons pas à nous en plaindre , et par l'effet d'un concours admirable d'hommes et de choses analogues , c'est peut-être dans le sentiment général , imprimé aux lettres par la puissance suprême , que l'on trouverait la cause de cette gravité solennelle , caractère des belles productions du siècle ; non pas, sans doute , que l'esprit d'observation n'ait exercé une libre satire sur les vices et les ridicules de cette société française , qui présentait alors un intérêt important , par la réu-nion de ses différens membres , jusque-là restés soli-

_____

(1) Dial. de orat.

taires. Le monarque permettait ces jeux qui ne pouvaient l'atteindre ; mais, dans le respect de cette grande
puissance monarchique, dont l'éclat n'avait été jamais
si imposant, on se garda bien d'examiner avec critique
les diverses parties de l'ordre politique. Des mémoires
particuliers furent seuls les confidens discrets des malheurs des temps ; et, si la philosophie trouva d'illustres
organes, ils appliquèrent leurs spéculations aux mœurs
des hommes, à la moralité des actions individuelles et
non aux droits primitifs des nations et aux élémens
constitutifs des États. Ce n'était pas là que se portaient
les pensées générales !

On ne m'opposera pas, sans doute, l'ouvrage immortel de Fénélon ! Que l'on songe aux voiles ingénieux
dont le philosophe enveloppa ses principes et ses leçons, et l'on verra que, comme le fabuliste, il sentit
qu'il fallait placer les préceptes sous l'abri d'une fic-
tion protectrice.

Mais la masse de la nation reçut une impulsion salutaire de tous ces travaux ; et, dès le commencement
du dix-huitième siècle, on vit dans les opinions, dans
les événemens, dans les écrits, le résultat de l'esprit
d'examen arrêté sur les intérêts de la politique et sur
les droits réels des peuples.

Ce n'eût pas été devant Louis XIV, malgré cette liberté de pensées qui trouva un asile dans la chaire, que
Massillon eût fait entendre ces paroles adressées à un
royal enfant (1) :

« Ce sont les peuples qui, par l'ordre de Dieu, ont
» fait les rois tout ce qu'ils sont : c'est à eux à n'être

_____

(1) Sermon pour le dimanche des Rameaux, 1.re partie.

» ce qu'ils sont que pour les peuples : oui , Sire , c'est
» le choix de la nation qui mît d'abord le sceptre entre
» les mains de vos ancêtres ; c'est elle qui les éleva
» sur le bouclier militaire et les proclama souverains ;
» le royaume devint ensuite l'héritage de leurs pères ,
» mais ils le durent originairement au consentement li-
» bre des sujets ; leur naissance seule les mit en posses-
» sion du trône ; mais ce furent les suffrages publics ,
» qui attachèrent d'abord ce droit et cette prérogative
» à leur naissance : en un mot , comme la première au-
» torité vient de nous , les rois n'en doivent faire usage
» que pour nous ».

Ces maximes , sorties d'une bouche évangélique , devaient bientôt se trouver sous diverses formes , tracées
par la plume des écrivains appliqués essentiellement aux
sujets qui occupaient l'intérêt du siècle : toutefois si
un petit nombre attaqua avec une véhémence , quelque-
fois outrée , les torts des ordres privilégiés , aucun
n'osait supposer encore la possibilité d'un changement
politique ; ainsi l'on dirigeait bien les traits d'une satire
amère contre des actions , des priviléges , des abus ;
mais nul écrivain n'eût été assez hardi pour présenter
à la France le modèle d'une constitution nouvelle.

Cette marche de la littérature était , au surplus , celle
des pensées et des intérêts. Embarrassé par les entraves
et les liens encore existans , l'esprit public n'avait pas
encore gagné une position assez avantageuse pour dis-
cerner et demander l'ordre politique convenable aux
intérêts qui se développaient sourdement.

Si quelques hommes , remontant jusqu'au berceau
des sociétés , assignèrent aux princes des limites nouvelles et rendirent aux peuples leurs droits envahis , di-

sons que ces pensées, ces doctrines furent exprimées dans le sens d'un intérêt général, comme applicable à toutes les nations, et que le nom de la France ne s'y trouve pas comme l'objet des spéculations particulières de l'auteur : ajoutons que, malgré cette réticence, ces ouvrages, bien que livrés aux presses étrangères, causèrent à leurs auteurs d'odieuses persécutions, qui leur firent expier leur gloire par des malheurs et des exils.

- Cet ensemble de choses eut sur les œuvres mêmes un résultat fâcheux. Car on doit lui attribuer l'absence d'amour patriotique, qui souvent nuit à la chaleur, à l'élévation de quelques-uns de ces écrits : peut-être cela est-il parfois remarquable dans certaines productions du chef suprême de cette littérature ; mais, comme on le sent facilement, la faute la plus grave n'en fut pas aux écrivains (1).

Tel fut, je crois, sous ces rapports du moins, le caractère de la littérature du dix-huitième siècle.

Cependant l'élan général des esprits, qui alors existait, n'était pas comparable aux mouvemens dont nous sommes agités aujourd'hui. D'ailleurs, par l'épreuve des temps, les pensées ne s'arrêtent plus sur des spéculations vagues, mais sur des intérêts réels à satisfaire par des lois nées et à naître. Depuis que le Roi a proclamé la liberté de la pensée, chacun s'est trouvé pressé du besoin de mettre au jour ce qu'il crut utile ;

---

(1) Il faut excepter le vertueux Mably ; il semble que ses travaux n'aient eu pour mobile que le besoin de servir son pays. Une partie notable est consacrée à la France même, à la critique de ses élémens politiques, aux moyens réparateurs qu'il indique. Il ne fut pas seulement un auteur savant, il fut aussi écrivain patriote.

des exceptions contraires ont quelque temps paralysé
ce droit ; mais garanti dans ses parties les plus pré-
cieuses par la législation nouvelle, son exercice va donner une preuve irrécusable que les écrivains reçoivent
toujours l'impulsion du siècle, sur l'esprit duquel agit
aussi l'habitude des bonnes lois. La généralité des citoyens s'occupe de droits constitutionnels, commente
dans ses intérêts les lois qui l'environnent ; les auteurs,
entraînés par cette pente commune, vont livrer toutes
les spéculations de leur esprit aux thèses politiques.
Sans doute ils n'auront pas de doctrines à créer, car
toute saine maxime est tracée dès long-temps ; mais, les
puisant dans les savantes abstractions du siècle passé,
ils en appliqueront chaque partie aux droits nouveaux
qu'il s'agit d'établir ou de défendre. S'il est des intérêts sortis des circonstances récentes, et que contrarient
d'anciennes lois, sans craindre le destin dont *Charondas* (1) menaçait tout citoyen qui proposait un changement à des coutumes antiques, ces écrivains feront
sentir les modifications nécessaires. Que, s'ils sont à cet
égard traités de novateurs, Montaigne, répondra pour
eux (2) : « Or, les lois souvent se maintiennent en
» crédit, non parce qu'elles sont justes, mais parce
» qu'elles sont lois ». Qu'ils fassent sentir avec un sage
courage ce que les nôtres ont de défectueux ! Eux seuls

---

(1) Une loi de Charondas, législateur de Thurium, portait que
celui qui proposerait un changement aux lois du pays se présen-
terait dans l'assemblée publique une corde au cou, sous la condition d'être étranglé, si la proposition n'était pas acceptée. —Charondas était *un immobile.*

(2) Essai, liv. 3, chap. 13.

doivent accélérer les améliorations ; ce n'est pas le magistrat, l'administrateur entraîné chaque jour par
leur exécution forcée, qui peut souvent élever la voix ;
il craindrait d'énerver trop long-temps d'avance les ressorts qu'il est de son devoir de faire agir.

Que l'écrivain frappe donc de sa vindicte les abus qui
peuvent régner encore (1). Peut-être sera-t-il exposé, en
faisant entendre les accens de la liberté, à de calom-
nieuses interprétations. Il est si facile, à l'aide d'une
confusion irréfléchie ou insidieuse, d'imputer à un homme qui parle avec franchise des opinions, des pensées
à jamais distinctes ! Toutes lignes constituent alors cet
inevitabile crimen, qui, selon Tacite, ressortait de l'in-
terprétation des lois de majesté.

Au surplus, ce mal est passager. La France entière
saura bientôt qu'on peut chérir son Roi, aimer le gouvernement et la paix, et exprimer des vœux utiles.

---

(1) Je ne citerai qu'un exemple : Une ville, ravagée par la guerre,
a perdu ses bâtimens publics ; elle n'a plus pour prisons qu'un local
étroit, où, sans sûreté pour leur santé, leurs mœurs, sans sûreté
même pour l'instruction des affaires, les prisonniers de tout sexe
sont réunis. Long-temps ils le furent jour et nuit. Ce mal remonte
à 1814 ! Le conseil du département vote des fonds en 1818, au mois
de juillet, pour l'édification de ces bâtimens. Ces deniers sont prêts
depuis long-temps, et dans l'instant où ces lignes sont tracées, plus
d'un an après le vote des fonds, les travaux ne sont pas commen-
cés ; ils ne le seront, dit-on, qu'en 1820. Pendant ces longues années, l'humanité souffre ; les droits les plus sacrés sont compromis.
On a dit à l'auteur que ces retards étaient la suite de la centralisa-
tion des affaires administratives qui toutes se règlent à Paris ; de là
envoi, renvoi de projets, de devis, lettres, réponses, enfin longs
délais. Si ce mal n'est pas la faute des hommes, mais celle des
lois, il faut les changer, et les blâmer jusqu'à ce qu'on les change.

Plus de vertueux citoyens auront du courage , plus
cette vérité salutaire sera démontrée.

Heureux les écrivains, quand la mission qu'ils tien-
dront de leur patriotisme sera sanctionnée par le talent ! Heureux , si leurs écrits prêtent une lumière utile
aux hommes chargés de l'édification de nos lois ! Sans
doute , un ami des lettres redoutera cet envahissement
de la politique dont le culte des Muses pourra souffrir :
au surplus , cette fièvre, inspirée par des intérêts ac-
tuels , s'apaisera lorsqu'ils seront moins urgens , et
nous sommes assez riches en poésie pour attendre un
peu. Mais ce n'est pas dans des discussions abstraites
et dans l'exposé des principes que cette liberté d'écrire
sera circonscrite.

Les Scythes crevaient , dit-on, les yeux à leurs esclaves , pour qu'ils tournassent la meule sans distraction.
Le Roi a voulu que les Français, éclairés chaque jour
sur leurs droits et leurs devoirs, reçussent de ces lumières des raisons nouvelles de patriotisme et de fidélité :
ce moyen est plus humain, je le crois aussi plus sûr
que l'autre.

Ainsi, respectant les actions privées qui ne relèvent
que de la conscience et des lois positives, on suivra le
fonctionnaire , quel qu'il soit , dans sa conduite publique; on lui reprochera toute inexécution des lois, plus
fâcheuse qu'une loi fâcheuse elle-même ; tout arbitrai-
re, qui rend les esprits inquiets , les droits incertains,
et fait perdre plus de terrain à l'autorité en un jour ,
qu'elle ne peut en gagner en plusieurs mois. Cette investigation , cette critique, attestant aux dépositaires
du pouvoir leur humaine faiblesse , sera chez nous ce
qu'était l'avertissement donné, chaque matin, au roi
de Perse , par un simple officier, pour lui rappeler les

devoirs que lui avait imposés Oromase , en le pla-
çant sur le trône. Il serait intéressant de rechercher ,
sous combien de formes chez les nations antiques , on
s'était efforcé d'établir des expiations d'une autorité
despotique ; on les trouverait dans les vérités grossiè-
res qu'à certains jours les puissans du siècle étaient
forcés d'entendre , dans cette liberté éphémère accordée
ailleurs à des esclaves. Quant à nous , plus heureux ,
la liberté de la presse seule nous dispenserait de ces excès ; elle seule sauverait nos droits et suffirait pour les
établir , quand le Roi eût borné là ses bienfaits envers
nous (1).

On a dit que les hommes en place seront désormais
dans une position pénible ; qu'intimidés dans leur marche , l'ordre public en souffrirait. Que l'on se rassure !
les postes n'en seront pas sollicités avec moins d'ardeur.
Peut-être est-il plus commode de n'avoir à conduire
que des aveugles. Mais il n'en est guère aujourd'hui ,
et d'ailleurs avec ceux-là , si le guide ne voit le précipice , il n'est pas moyen de l'éviter.

Quoi qu'on ait avancé, nul péril n'est à redouter de
l'exercice de cette faculté, et déjà les faits nous l'apprennent. Certes, la liberté d'écrire est large depuis
plusieurs mois. Quelques-uns sans doute en ont abusé.
De cet usage, de cet abus il n'est rien résulté de pré-
judiciable au salut de l'Etat (2).

---

(1) C'est l'exercice continuel d'un droit de pétition contre lequel il n'y a pas d'ordre du jour, si ce n'est celui prononcé par
l'ennui des lecteurs.

(2) On doit déjà à cette liberté de grands progrès dans notre éducation contitutionnelle : il y a peu de temps, l'Etat eût semblé me-
nacé , si un ministre avait été attaqué. Aujourd'hui , on s'occupe du
reproche, mais sans surprise, de la véhémence des expressions.

Laissons le goût public faire justice des grossièretés , des libelles , qui périssent par leurs propres venins ! Et , pour nous rassurer à ces égards , n'oublions pas ces paroles du grave *Tacite :* « *Nero ,* dit-il , *libros exu-* » *ri jussit, conquisitos lectitatosque , donec cum peri-* » *culo parabantur. Mox licentia habendi oblivionem* » *attulit* » (1).

Ainsi , après avoir long-temps reculé devant cette puissance de la liberté de la presse , et l'avoir tant re-doutée , chacun perdra ou plutôt a perdu toute inquié-tude. Les dépositaires du pouvoir seront par elle sans cesse avertis des vœux de l'opinion ; ils trouveront des leçons de conduite ; si toutes ne sont bonnes , elles of-frent toujours des pensées utiles : il faut les prendre là où elles sont , quelles que soient les armoiries du livre qui les contient ; si des écrivains conseillent des sottises, celles-là , vues d'avance , seront plus faciles à éviter. Le citoyen lira avec plaisir dans ces productions le déve-loppement de ses secrètes pensées , l'expression des droits qu'il réclame , ou des abus dont il souffre. Quelques efforts que le gouvernement fasse pour le bien , les cla-meurs se feront toujours entendre ; car on peut toujours mieux faire, et il est à craindre que ses agens s'endor-ment sur la route ; il faut donc les tenir éveillés. Tout cela est de la nature de notre constitution. Au surplus , de même qu'on l'a dit pour les élections, les écrits au-ront d'autant moins d'âcreté , cette âcreté offrira d'au-tant moins d'attrait aux lecteurs , que le mal à dire sera moins piquant. Puisse chacun faire ce qu'il faudra pour leur ôter cette séduction !

---

(1) Ann. lib. 14.

Maintenant ce droit constitutionnel de manifester ses pensées est-il garanti par des lois sages ?

L'opinion publique a depuis long-temps demandé que les crimes ou délits, commis par suite de l'exercice de la presse, fussent soumis à la juridiction nationale. Si les écrits manifestent des pensées qui peuvent faire partie de l'opinion commune, la société, qui connaît ses besoins et ses dangers, est à même de juger de leur essence; des délégués, pris dans son sein, sauront décider que les ouvrages déférés sont vraiment coupables, ou que, malgré leur véhémence, ils doivent être tolérés.

Des magistrats impartiaux, mais sévères, sont habitués à mesurer dans le cercle étroit des dispositions des lois tout ce qui leur est soumis, à retrancher tout ce qui l'excède. Ils ne peuvent, malgré eux, permettre à la pensée les écarts qu'il faut lui laisser sous peine d'inertie et d'esclavage.

Je crois donc que la loi nouvelle, consacrant un grand principe de liberté politique, convient à tous les intérêts. Elle délivre des magistrats respectables, mais vivant peu dans le monde, d'une lutte pénible avec des écrivains qui les harcèlent, et qui ont trop d'auxiliaires dans la malice publique pour ne pas leur faire perdre d'une dignité importante. Elle donne aux écrivains une garantie qu'ils ont désirée. Elle assure à la nation, tout à la fois le droit de protéger la véritable indépendance des lettres, et de punir l'audacieux qui tenterait de troubler son repos, et d'attaquer les fondemens sur lesquels sa force et son bonheur reposent aujourd'hui.

Résultat spécial de l'esprit public et de la liberté de la presse à l'égard des fonctionnaires de l'Etat.

Nous avons vu que l'esprit public, avec le secours de la liberté de la presse, favoriserait la création de toutes les institutions salutaires ; nous avons vu que leur concert tendrait à en entretenir l'exécution religieuse, par la révélation de tout ce qui la blesserait : examinons maintenant si ces résultats indiqués n'entraînent pas une conséquence immédiate, irrésistible et digne d'une sérieuse attention.

Malgré l'influence générale que peut exercer le besoin de s'éclairer sur ses droits et ses devoirs, malgré les moyens nombreux qui existent pour les hommes de toutes classes, moyens qui s'accroîtront encore, il régnera une grande inégalité dans le développement des forces morales : l'essentiel est que les hommes en place, soumis à cette comparaison de l'inégalité des forces et des talens, en sortent vicjorieux (1).

Quelque bonnes intentions qui l'animent, l'inexpérience ou l'incapacité peut trébucher à chaque pas, et ne retrouve plus pour la soutenir l'appui d'un préjugé. Tout homme aujourd'hui, plus qu'autrefois, a la facilité d'approcher dans les habitudes de la vie un fonctionnaire de tout rang ; beaucoup peuvent le bien juger ; il est donc compromis, si la considération, dont il a besoin, ne survit pas à l'examen. A cet égard, la naissance

---

(1) Quel que soit le cours des lumières ; qu'elles aillent de la nation au gouvernement, ou du gouvernement à la nation, il faut toujours que l'un et l'autre se perfectionnent à la fois et de concert, sans quoi les états sont exposés à de grandes révolutions.

RAYNAL, *Hist. phil.* tom. 2, p. 42.

n'a plus de prestige , la fortune , de séduction. Cette
vérité peut avoir des inconvéniens ; cela est inutile à
examiner , car cette vérité est un fait dont il faut subir
les conséquences.

Non seulement on veut que de bonnes lois donnent
les moyens de sévir contre tout fonctionnaire coupable ,
mais encore on le rend justiciable de juges nombreux qui
sauront relever ce qui ne tombe pas sous l'application
de la loi.

En un mot tout fonctionnaire qui fait une faute doit
s'attendre à trouver près de lui un homme qui la voit,
la répète , et souvent quelque *Suétone* qui l'inscrit.

S'il en est ainsi , si cette proposition doit trouver chaque jour ses preuves dans l'usage de la liberté d'écrire ,
fanal inévitable des erreurs graves des fonctionnaires , si
le redressement de nombreux écarts, non seulement
porte atteinte à la force, à la dignité de celui qui les
commet , mais finit par énerver la loi même, il en ré-
sulte infailliblement que c'est avec plus de scrupule que
jamais que les fonctions doivent être déférées. Sans
doute , faibles , puissans , tous nous faisons notre éducation politique , mais le peuple a le droit d'exiger que
ceux qui ne craignent pas le poids d'une charge publique soient parvenus à des connaissances déjà certaines.
Cette observation ne doit pas être restreinte aux notions
rigoureusement utiles à sa place, il faut quelque chose
au-delà. C'est la force du personnel qui rendra les
emplois respectables et qui seule peut en maintenir
la dignité. De la vertu , du talent , tels sont désormais les seuls gages que demande la nation gouvernée.
Si d'autres avantages s'y trouvent réunis , c'est un
luxe utile , mais qu'elle sacrifie volontiers , s'il doit lui

coûter des biens plus essentiels. Cette nécessité des choses ne me semble pas un mal à déplorer.

Tel me paraît être le résultat spécial de la force de l'esprit public manifestée par la liberté d'écrire; j'ose en recommander la pensée aux premiers mandataires de la volonté royale.

Chercherai-je à établir la vérité de cette proposition, par l'examen des faits du temps ? Non, car ces lignes, dictées par le désir d'être utile, ne sauraient recevoir une expression qui pût blesser personne. Loin de nous l'idée que les fonctionnaires d'aujourd'hui soient en général inférieurs à leurs devanciers; mais les circonstances nouvelles veulent à l'avenir des talens supérieurs à ceux qui purent suffire dans les temps où les peuples ignoraient leurs droits, et dans ces époques contemporaines où le silence forcé des victimes assurait l'impunité des erreurs. On s'est imaginé, à la publicité soudaine des fautes, qu'auparavant il ne s'en commettait pas de semblables. C'est à tort, les mêmes fautes avaient lieu ou d'autres : disons que maintenant elles sont moindres à beaucoup d'égards. Mais on les connaît dans quelque point obscur qu'elles soient commises : et nulle ombre ne peut plus favoriser le coupable ou l'imprudent. C'est donc de cette considération, susceptible de longs développemens, que je m'occupe ici sous l'un de ses rapports les plus dignes d'attention; je le fais en peu de mots, pressé, comme on l'est, par les choses et les intérêts qui marchent plus rapidement que la plume de l'écrivain. Au surplus, quelques réflexions suffiront pour faire sentir toute ma pensée qui embrasse les trois parties de l'ordre civil de l'état, c'est-à-dire, l'administration, le clergé et la magistrature.

Tous trois , ils doivent être soumis à l'action de l'opinion publique et de ses critiques , mais en degrés inégaux.

Celui qui en reçoit l'application la plus vive est l'ordre administratif, à cause de la multiplicité de ses actes
et des nuances mobiles des droits qui s'y rattachent : je
crois, sans avoir besoin d'une dissertation spéciale, m'être
expliqué suffisamment à cet égard dans les réflexions
générales qui précèdent (1).

Le clergé , restreint sagement dans les limites du domaine spirituel, pourrait, jusqu'à un certain point, se
soustraire davantage aux traits des écrivains, et même
résister à l'esprit général. Peut-être quelques-uns de ses
membres ont-ils déjà prouvé que cette résistance ne leur
déplaisait pas.

Mais, pour que cette rebellion soit sans trop graves inconvéniens , il faut que les ecclésiastiques ne sortent pas
du cercle des droits que leur donne l'Evangile, et ne s'élan-
cent pas dans les intérêts temporels du siècle ; car alors ils
deviennent justiciables de ses opinions. Cette matière est
délicate ; il n'entre pas dans mes vues de la traiter. Pour
revenir, au surplus, à ma pensée principale en admettant
que les ministres du culte aient moins de motifs de craindre les attaques des écrivains , je dirai cependant que leur
dignité est ébranlée quand on a trop souvent occasion de
dévoiler leurs erreurs ou leur faux zèle, et que dans
les esprits légers l'amour du culte catholique pourrait
perdre ainsi de son ardeur. Il est donc important que ,

_____

(1) On ne supposera pas , j'espère , que j'exige qu'un gendarme et
un commis de barrière aient fait un cours de belles lettres et de
droit constitutionnel. Il faut toutefois qu'ils connaissent plus que jamais aussi leur devoir et par conséquent ses limites.

désormais , l'éducation des membres du clergé leur donne des opinions plus calmes sur les institutions créées par la volonté du Roi , qui est aussi le roi des prêtres. Il est important que les malveillans ne recherchent pas dans l'histoire si l'un des moyens puissans de prosélytisme protestant ne fut point l'amour de la liberté politique.

La magistrature , moins que l'administration , mais plus que le clergé , doit subir les conséquences qui naissent du développement de l'esprit public et de l'investigation des faits publiée à l'aide des écrits.

Appelée à regler les intérêts temporels de l'âge présent , elle a besoin d'être placée au centre de l'opinion pour jouir de toute la considération qui lui est due , n'ayant plus d'ailleurs pour défense les secours que lui offrait l'ancien état des choses , et les tribunaux perdraient l'appui de la confiance générale, s'ils comptaient dans leur sein beaucoup d'hommes sur la force morale desquels cette confiance ne croirait pas devoir reposer.

Les faits nous apprennent le parti fâcheux que , dans une intention plus ou moins pure , on cherchera désormais à tirer de toute circonstance.

Ainsi des écrivains véhémens ont reproché à quelques cours avec amertume des arrêts sévères, qui , jugés par l'esprit de parti, reçoivent des qualifications contraires. Quoi qu'il en soit , si la terrible rapidité des formes d'alors donne des armes à la critique et n'en laisse pas d'égales pour la défense des magistrats , que l'on blâme , tirons de cette position fâcheuse un nouveau motif de chérir l'ordre ordinaire des formes , de repousser à jamais toute mesure violente qui semble faire des victimes en tous genres.

On a opposé aussi à l'esprit judiciaire quelques dé-

cisions dont s'irrita l'indépendance des lettres. J'ai dit
ailleurs pourquoi les magistrats ne doivent pas être
appelés à juger les hommes de lettres. Cette raison dis-
pense d'en donner d'autres, si elle est bonne.

Enfin quelques esprits manifestèrent leurs alarmes
naguère, lorsqu'une cour souveraine crut devoir imposer au ministère public l'obligation de poursuivre les
auteurs d'un écrit. Cette cour usa d'un droit tracé dans
les codes d'un règne passé. On expliquerait facilement
pourquoi le souverain adopta alors ce souvenir parle-
mentaire, au moins inutile aujourd'hui. Quant à son
usage, on trouve dans l'un de nos vieux auteurs un
passage qui ne lui est pas étranger.

Sous Charles VI, les finances mal administrées alar-
maient les corps principaux de la nation. Privé d'états-
généraux réguliers où l'on pût faire entendre ses plaintes, on avait essayé déjà du droit bizarre, incertain, de
remontrances, qui, plus tard devint important.

« Alors, dit Pasquier, le 7 février 1413, l'univer-
» sité remontra au parlement que les finances du Roi
» étaient mal gouvernées ; lui dit qu'elle avait envoyé
» pour faire des remontrances au Roi, et supplia la
» cour d'en faire autant de son côté ; à quoi la cour de
» parlement sagement lui fit réponse :
» Que c'était à elle de faire justice à ceux qui la lui
» demandaient, et non de la requérir ; et qu'elle ferait
» chose indigne de soi, si elle se rendait partie requé-
» rante, vu qu'elle était juge » (1).

Quelle que soit l'opinion définitive que des hommes
exempts d'esprit de parti se fassent dans les affaires

_____

(1) Pasquier, pag. 279.

qui

qui occupent l'attention publique sur tout acte émané
des tribunaux ; aucun désormais n'échappera à la discussion. Si l'opinion publique est saine, il est important qu'à son tribunal on ne casse pas les arrêts des
juges ; il est encore important que, dans la décision des
intérêts privés, aucun magistrat, tout vertueux qu'il
peut être, ne soit au dessous des fonctions difficiles
qui lui sont imposées. Enfin la raison demandera partout près de justiciables plus éclairés, des juges qui, même
sous le rapport des connaissances générales, ne leur soient
pas inférieurs. Il faut donc, par là conséquence de ces
réflexions, appliquer ses soins à préserver entièrement
l'ordre judiciaire d'une position fausse, à l'égard des
hommes, et des intérêts du temps.

Considérations particulières sur le ministère public,
suivies de réflexions spécialement applicables au mi-
nistère public du ressort de la Cour Royale de Paris.

Ce sera sans doute l'objet des méditations de nos
hommes d'Etat, que les améliorations dont l'organisa-
tion judiciaire est susceptible. Ce sujet est trop vaste
pour ne pas faire celui d'un ouvrage spécial, qui deman-
derait des notions positives sur de nombreuses localités.
Si l'on veut restreindre le nombre des juridictions,
ce qui est un bien possible, cette réduction mettra
à même d'être sévère sur le choix des magistrats,
dont la capacité, d'ailleurs soumise à un stage positif,
donnera de suffisantes garanties. Au surplus, on con-
sultera alors pour faire les retranchemens de tribunaux,
et l'état moral des contrées et leur nature physique,
quant aux distances et moyens de communication. On

ne pourrait sans erreurs faire une règle applicable à tous pays ; ce grand ouvrage sera difficile à opérer. Il n'en est pas où les fautes soient plus graves en fâcheux résultats par la durée qu'imprime aux abus mêmes la stabilité nécessaire à la magistrature.

En attendant qu'il me soit permis de soumettre quelques réflexions sur la partie de la magistrature qui, plus exposée aux regards, à l'opinion publique, et à la critique des écrivains, réclame des forces imposantes : ce ne sera pas m'écarter de mon sujet.

Je crois que, pour ceux qui occupent les postes importans du ministère public, il devient indispensable de joindre à l'instruction, partage du jurisconsulte, un ensemble de lumières sur les choses et les hommes du temps, qui mettent à même de combattre avec succès ceux qui voudraient déclarer à la société une guerre dangereuse dans la nouvelle arène qui s'est ouverte.

Ces procès, auxquels donnera lieu la licence de la presse, exigeront plus que jamais, dans les agens du ministère public, un développement de connaissances générales imposant. C'est dans ces causes, qu'épié par la curiosité publique, l'avocat du Roi, en lutte avec un athlète habile, perd son crédit et sa dignité, s'il est terrassé, quel que soit d'ailleurs l'événement du combat.

On verra sans doute peu d'écrivains parmi ceux traduits devant un jury, dont l'ouvrage ne recèle pas un fond de pensées blâmable ; mais ce n'est pas de la conscience de l'auteur qu'il s'agit ; c'est son écrit qui seul est soumis à l'examen ; c'est son écrit qu'il faut, d'après les règles d'une logique convaincante, placer en face de la loi pour faire voir que les traits de cette loi en frappent directement les pensées et les expressions.

Ces réflexions suffisent pour établir que le ministère public aura souvent, dans les très-grandes villes, des fonctions difficiles à remplir. Mais je crois qu'une force remarquable lui est nécessaire aussi dans les villes, chefs-lieux de départemens.

Ce sont, en effet, des belles et graves attributions que celles d'un procureur du Roi dans ces localités. Au mérite que demande l'audience civile et criminelle, il doit joindre des connaissances administratives applicables à de nombreux détails. Il est placé parmi les personnages les plus importans de sa ville ; mais, je l'ai dit, dans notre siècle, les fonctions seules ne soutiennent pas les hommes.

Les devoirs auxquels le procureur du Roi est appelé sont si nombreux, que, soit par leur multiplicité, soit par suite d'un empêchement quelconque, il peut être distrait de quelques-uns. Il faut donc que, partout et devant le jury surtout, il soit convenablement remplacé.

Il est probable que l'extrême jeunesse des substituts, qui peuvent être nommés à vingt-deux ans, âge où l'on ne saurait exercer aucune profession ordinaire, est à elle seule un obstacle à ce que les intérêts les plus sérieux de la société trouvent en eux toujours un mandataire capable de toute sa mission. L'utilité des choses veut que ces fonctions soient bien remplies ; la dignité de la magistrature le demande, car le jury sait très-bien, ainsi que le public, apprécier les talens d'un procureur du Roi, d'un substitut, et même d'un con-

4.

seiller, président d'assises (1). Ces motifs concourent
à rendre nécessaire le plus grand soin dans les choix,
les délégations à faire, selon les proportions qu'indique la raison.

A l'égard des substituts de chefs-lieux, qui sont au
nombre de deux, il serait peut-être utile de créer deux
degrés. Le premier, plus âgé, plus ancien, pourrait
seul remplacer le procureur du Roi devant la cour
d'assises. Le second n'aurait de fonctions d'audience à
remplir que pour les affaires civiles et sommaires.

Cette distinction, produira, je le crois au moins,
de bons résultats. On ne saurait rendre le ministère
public trop respectable auprès des jurés ; et ce respect
n'est fondé que sur l'expérience et les talens.

Ainsi, pour toutes les grandes cités, il existe des motifs qui exigent des hommes distingués dans le ministère public. La capitale, par les ressources qu'elle offre,
jouira toujours de talens supérieurs ; toutefois je pense
qu'il y aurait peut-être à faire quelques modifications
aux règles établies à ce sujet.

Par un usage, louable sous plusieurs rapports, on
choisit les membres du parquet de première instance
de Paris parmi les procureurs du Roi de chefs-lieux
ou d'arrondissemens, exerçant dans le ressort de la cour
royale, et il faut nécessairement avoir été l'un ou l'au-

_____

(1) Quelques inadvertances à cet égard ont pour grave résultat
elui de compromettre presqu'une cour entière auprès d'hommes
qui jugent légèrement. Tel magistrat, excellent dans la chambre du
conseil, ne peut diriger des débats, talent particulier. Pourquoi
lui donner cette mission ?

tre avant d'être nommé substitut du procureur du Roi de
la capitale.

Il est à désirer que le poste de procureur du Roi de
chef-lieu, si important par ses fonctions, le soit assez
dans l'opinion de ceux qui en sont revêtus, et leur offre
assez d'avantages pour qu'aucun d'eux ne désire plus,
après avoir été chef d'un parquet, devenir l'agent inférieur
d'un fonctionnaire, qui, malgré la somme très-supérieure
des appointemens, n'est cependant que leur collègue,
puisque tous également relèvent du procureur-général.

Je ne développe pas cette réflexion, car des nominations récentes indiquent que ce système nécessaire un
moment est abandonné.

Ce sera donc uniquement parmi les procureurs du
Roi d'arrondissement que seront nommés les substituts de Paris ; mais si, comme je le pense, c'est une
place déjà fort belle que celle d'un avocat du Roi ; si,
pour l'obtenir, il faut avoir occupé le poste de chef du
ministère public dans une ville, il faudrait au moins
que l'on changeât une disposition devenue bizarre, et
qui, exigeant vingt-cinq ans pour la place de procureur
du Roi, n'en demande que vingt-deux pour celle de
substitut sans exception (1).

Le droit des membres du ministère public du ressort
aux places de substituts de Paris doit être respecté ;
car c'est un encouragement utile à la chose publique ;
mais faut-il que ce droit soit, en tout cas, exclusif de
choix faits dans d'autres rangs ? Je ne saurais partager
cette opinion, toute respectable qu'elle est, par la considération que méritent ceux qui la professent ; toute

_____

(1) Loi du 20 avril 1810.

légale qu'elle est aussi, puisqu'elle est adoptée par la haute administration. S'il est de la nature de notre gouvernement d'appeler à lui tous les talens, pourquoi, à l'égard de la mission si importante du ministère public, ne conserverait-il pas la faculté et l'usage de choisir là où il croit trouver un sujet digne de sa confiance?

Je suppose qu'un avocat, déjà avancé dans la carrière du barreau, puisse offrir des talens désirables pour le parquet, ce qui, certes, est de la nature des choses, qu'il veuille consacrer son avenir aux nobles fonctions du ministère public, ne serait-il pas salutaire de pouvoir l'appeler à cet emploi ?

Je veux bien qu'il n'ait pas d'abord les notions d'administration judiciaire, connaissances que surtout l'on obtient dans les ressorts de province; mais s'étant formé aux talens oratoires par le contact des orateurs habiles et des affaires importantes, précieux avantage, qui ne s'offre que dans un petit nombre de villes considérables, il acquerra bien vite ce qui lui manque.

Je crois aussi que la meilleure éducation du magistrat se fait dans l'habitude des affaires du barreau. Les hommes, appelés trop jeunes à des fonctions judiciaires, manquent d'un avantage difficile à suppléer.

Or, admettant la stricte obligation des règles établies, ce sujet parvenu à l'âge, à la position, que nous avons tout à l'heure supposée, consentira-t-il, non seulement à passer plusieurs années dans le poste de procureur du Roi d'arrondissement, mais encore à acheter ce dernier par les places successives de substituts d'arrondissemens et de chef-lieu, degrés aujourd'hui indispensables ? Il est permis d'en douter, ou plutôt l'on peut être sûr de sa réponse.

Il y a donc dans l'usage adopté quelques inconvéniens ; il y en aurait de plus graves dans un mode
tout contraire au mode reçu. Mais le juste milieu des
choses n'est pas impossible à trouver. On a établi, pour
les juges de Paris, trois genres de nominations qui
sont salutaires. Il en est un qu'on nomme tour de faveur ; que l'on crée aussi, pour le parquet de Paris, ce
moyen accessoire ; que deux séries de places appartien-
nent exclusivement aux procureurs du Roi du ressort,
et que la troisième appartienne, en concurrence ouverte, à tous candidats offrant au gouvernement de justes espérances. Ainsi, peut-être cette partie de la force
publique puiserait, dès à présent, à plusieurs sources
pures, les forces qui peuvent en entretenir l'éclat, en
attendant les améliorations plus difficiles que l'orga-
nisation judiciaire est susceptible de recevoir dans les
provinces.

CONCLUSION.

J'ai dit quels moyens me paraissent propres à achever
l'œuvre que le Roi a créée. Cette œuvre est la liberté
politique.

J'ai dit que l'enchaînement des principes constitutionnels suffisait seul pour anéantir les factions et leurs vagues espérances, qui n'ont d'alimens que dans l'incertitude et l'hésitation.

J'ai dit que l'esprit public demande la liberté, et qu'à
celle-ci se lie l'égalité.

Démontrant par des faits cet amour d'égalité, j'ai cru
ensuite trouver, non seulement dans la Charte, mais dans
la relation de quelques règles de droit politique, qu'il

était en harmonie avec notre loi constitutionnelle, comme avec le principe de notre constitution.

J'ai examiné si nous avions à nous plaindre des premiers résultats de deux lois nouvelles, qui, utiles à la liberté, ont pour appui cette opinion générale, boussole qu'il faut suivre à peine de naufrages ;

Si le gouvernement n'avait pas en lui-même les moyens de calmer ce qu'il pourrait y avoir de trop emporté dans l'usage qu'on en pourra faire ;

J'ai cherché à demontrer que ces lois contribueraient à manifester l'esprit public et à hâter le développement de nos institutions ;

Enfin que la liberté de la presse avait un effet spécial, important, c'est d'imposer aux fonctionnaires l'obligation de talens nécessaires pour n'avoir jamais à redouter l'examen d'un peuple plus éclairé chaque jour.

Ces réflexions ne devraient plus avoir d'intérêt, car elles ne devraient plus être nécessaires. Mais, tant que des écrits nombreux en combattront les principes, il est bien peut-être que des écrits les exposent, n'eussent-ils pour mérite que le désir d'être utiles ! c'est lui qui dicta ces lignes.

En terminant, je répète cette pensée première qui m'inspira :

La liberté civile et politique est le besoin du siècle : la France a payé la dette d'infortunes qui est imposée aux nations pour cette précieuse conquête. Ainsi elle n'aspire plus à sa jouissance que par les procédés paisibles des lois. Tout ce qui enflamme les passions, et entraîne les excès, n'est pas la liberté dont elle veut.

Elle possède aujourd'hui un Roi qui a proclamé le

principe

principe de sa noble indépendance. Déjà, sur les bases
de la Charte constitutionnelle, on a fondé quelques lois
importantes qui feront la force du prince et le salut du peuple : les autres élémens de l'ordre politique doivent se
joindre à ces premiers travaux. De ces dispositions, mises
en œuvre chaque jour par des mains pures et habiles,
naîtra la jouissance complète de la liberté. L'esprit public éclairé demande tous ces avantages ; il les accueil-
lera avec transport ; les lui refuser, en retarder long-
temps le bienfait, le croire incapable du fardeau d'une
liberté légale, serait le calomnier !

En vain l'on poursuit, l'on dénigre cet esprit du siècle ! Tantôt, pour arrêter sa marche ou le faire dévier,
on le suppose faible, incertain, facile à comprimer.
C'est alors qu'il s'élance, qu'il conquiert et soumet
ceux-là même qui démentaient sa puissance. Tantôt on
l'accable d'invectives ; on lui prête toutes les erreurs,
tous les vices, tous les crimes. Il répond par de nobles
travaux dictés par la philantropie, par de belles actions
reproduites dans les feuilles quotidiennes, pour consoler
des maux, résultats inévitables d'une vaste association
humaine. Les uns crient à l'impiété, accusent les villages,
les chaumières, et ne veulent pas voir que l'instruction,
en harmonie avec le temps où nous sommes, peut donner un appui à cette utile religion, qui, seule, ne suffirait plus aujourd'hui, et qu'il faut se hâter de sortir
d'une position fausse et difficile, où place le concours de
l'affaiblissement du zèle avec l'incertitude encore trop
grande des connaissances. Les autres rêvent en France
un esprit de combats et de conquêtes, comme si, lasse
de tant de travaux guerriers, elle ne s'écriait doulou-

reusement , ainsi que le Romain affaibli de victoires :

Quæ caret ora cruore nostro ? (1)

Enfin tous ses détracteurs lui imputent le tourment secret d'une fièvre révolutionnaire , dont les accès mena-
cent toutes les parties de l'ordre politique.

Si quelque danger existait , si le patriotisme égaré
pouvait jamais produire des fruits mortels , ce malheur
affreux n'aurait pour cause que les efforts qu'on ferait
pour l'étouffer et lui refuser ses vœux les plus nobles ,
qui n'ont tous pour objet que l'affermissement de la liberté et la gloire d'une dynastie sous les rois de laquelle
on peut dire aussi :

*Rara temporum felicitate , ubi sentire quæ velis , et
quæ sentias , dicere licet (2).*

---

(1) Horace , ode 1.re , liv. 2.

(2) Tacit. hist. liv. 1.

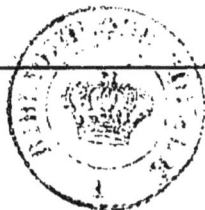

FIN.

www.ingramcontent.com/pod-product-compliance
Lightning Source LLC
Chambersburg PA
CBHW050532210326
41520CB00012B/2537